AF562976

ASSOCIATION POLYTECHNIQUE

FONDÉE EN 1830 PAR LES ANCIENS ÉLÈVES DE L'ÉCOLE POLYTECHNIQUE

OBSÈQUES

DE

AUG. PERDONNET

Président de l'Association Polytechnique

LE VENDREDI 4 OCTOBRE 1867

DISCOURS

DE

M. E. MARTELET

AU NOM DE L'ASSOCIATION POLYTECHNIQUE

PARIS
TYPOGRAPHIE ALCAN-LÉVY
BOULEVARD DE CLICHY, 62

OBSÈQUES

DE

AUG. PERDONNET

DISCOURS

DE

M. E. MATHIEU

PARIS

ASSOCIATION POLYTECHNIQUE

Fondée en 1830 par les anciens élèves de l'École Polytechnique

OBSÈQUES

DE

AUG. PERDONNET

Président de l'Association Polytechnique

MORT A CANNES LE VENDREDI 4 OCTOBRE 1867.

Hier, à une heure précise, au milieu d'un immense concours, ont eu lieu les obsèques de M. Auguste PERDONNET, directeur de l'Ecole centrale des arts et manufactures, président de l'Association polytechnique, membre du conseil d'administration de la Compagnie du chemin de fer de l'Est, ingénieur civil, commandeur de la Légion-d'honneur.

La rue de Calais, où se trouve l'hôtel du défunt, les rues environnantes et la place Vintimille, étaient remplies de personnes réunies pour rendre les derniers devoirs au savant et à l'homme de bien.

Le convoi, après les premières prières dites dans la maison mortuaire, s'est rendu à l'église évangélique réformée de la rue de Provence.

Le cercueil était déposé sur un char funèbre traîné par quatre chevaux.

Les cordons du poêle étaient tenus par M. de Forcade La Roquette, ministre de l'agriculture, du commerce et des travaux publics ; M. Martelet, vice-président de l'Association polytechnique ; M. Landrin, élève de l'Association polytechnique et membre fondateur de l'une des bibliothèques populaires de Paris ; M. Dariste, sénateur, président du conseil d'administration de la Compagnie des chemins de fer de l'Est ; M. Dumas, sénateur, président du conseil des études de l'Ecole centrale ; M. Flachat, président de la Société des ingénieurs civils de France ; M. Petiet, ancien élève de l'Ecole centrale, ingénieur en chef de la Compagnie du chemin de fer du Nord ; M. Charles Robert, secrétaire général du ministère de l'instruction publique.

Le deuil était conduit par M. Perdonnet et par MM. Gustave et Jules Mary, frère et beaux-frères du défunt.

Deux pelotons du 6e bataillon de la garde nationale, commandés par le chef de bataillon, escortaient le char et formaient la haie.

Le service religieux a été célébré à la chapelle évangélique de la rue de Provence par M. le pasteur de Pressensé.

A deux heures, le cortége s'est dirigé vers le cimetière du Père-Lachaise, en suivant la rue Laffitte et les boulevards.

On remarquait dans le cortége MM. de Boureuille, inspecteur général des mines, secrétaire général du ministère de l'agriculture, du commerce et des travaux publics; le colonel Solignac, sous-directeur de l'Ecole centrale; Combes, inspecteur général des mines, directeur de l'Ecole des Mines, membre de l'Institut; Regnaud, inspecteur des ponts-et-chaussées, directeur des phares; Didion, inspecteur général des ponts-et-chaussées; Adolphe Jullien, directeur de la Compagnie des chemins de fer de l'Ouest; Mercuard; J. Lemercier, ingénieur des ponts-et-chaussées; Busche, inspecteur général des ponts-et-chaussées; Lechâtelier, inspecteur en chef des mines; Ernest et Jules Gouin; Alf. Durand-Claye, ingénieur des ponts-et-chaussées; Jules Gireaud, secrétaire général de la Compagnie de l'Est; Varin, membre du conseil général de la Seine; Thomas et Alcan, professeurs à l'Ecole centrale; Félix Hément, professeur à l'Ecole Turgot; le lieutenant-colonel Deladoey; Legrand, proviseur du lycée Bonaparte; Monjean, directeur du collége Chaptal; Rohault de Fleury, architecte; Roth, chargé d'affaires de Suisse; Emile et Eugène Pereire; Baude, administrateur de la Compagnie de l'Est; Etex, sculpteur; Robert de Vey; Ad. Guéroult, rédacteur en chef de l'*Opinion nationale;*

Nefftzer, rédacteur en chef du *Temps;* La Bédollière, Ducuing, publicistes, etc., etc.

Des discours ont été prononcés sur la tombe de M. Perdonnet par MM. Dumas, Dariste, Martelet, Landrin, Flachat et Petiet.

Tous, en rappelant les services rendus par M. Auguste Perdonnet, ont vivement impressionné l'auditoire.

Les uns ont fait l'éloge du savant, dont les ouvrages relatifs aux chemins de fer sont un code consulté en Angleterre, en Allemagne, en Russie aussi bien qu'en France; les autres ont glorifié le zèle infatigable avec lequel il s'était voué à la propagation gratuite des lumières dans les classes pauvres et laborieuses. Possédant une fortune patrimoniale considérable, pouvant se mêler au grand mouvement d'affaires de notre époque, l'homme dont la tombe vient de se fermer se tenait à l'écart d'entreprises où il eût réalisé facilement des bénéfices; mais il subventionnait largement, et sans espoir de compensation, celles qui lui semblaient conçues dans un esprit de progrès.

DISCOURS DE M. E. MARTELET

Messieurs,

En voyant le grand concours de personnes de tout âge et de toutes conditions, qui se pressent autour de cette tombe, il est facile de comprendre qu'une existence généreusement consacrée au service de l'humanité, qu'une carrière noblement remplie par des travaux éminents, viennent de finir avec l'homme de cœur, avec l'homme de talent que nous déposons ici dans sa dernière demeure !

C'est qu'en effet, Messieurs, nul n'était possédé, à un plus haut degré, de l'amour du bien public, du sentiment du devoir, du respect aux règles de la conscience ; en un mot, de la passion du véritable honneur, que notre digne et cher Président Auguste Perdonnet !

Doué d'une âme sensible et facilement impressionnable, d'un esprit fin et actif, d'un sens droit et pénétrant, il avait manifesté, dès sa jeunesse, la ferme volonté de rendre sa vie utile. C'est dans ce but, qu'après avoir passé par l'École polytechnique et l'École des mines, il embrassa la profession d'ingénieur civil. Vous venez d'entendre avec quelle distinction il a parcouru cette laborieuse carrière qui fut couronnée par les plus honorables succès.

On vous a cité tout à l'heure les divers travaux, les nombreux ouvrages qui lui ont mérité, à si juste titre, les hautes positions qu'il a occupées. Mais, de tant d'œuvres auxquelles il a participé ou dont il est le créateur et qui le recommandent à vos mémoires et à vos cœurs, je ne veux en ce moment m'arrêter qu'à une seule à laquelle il s'associa dès l'origine, à celle qui a rendu son nom populaire, à celle qui, à coup sûr, lui fut la plus chère et dont il m'entretenait encore à ses derniers instants : l'Association polytechnique !

Lorsqu'en 1830, à la suite de cette grande commotion qui mit à nu nos plaies sociales, plusieurs anciens élèves de l'École polytechnique, pressentant l'avenir, s'associèrent pour se consacrer à l'instruction gratuite des ouvriers et se dévouèrent ainsi à la sainte cause du progrès, Perdonnet, qui rentrait en France, après une de ces explorations métallurgiques qu'on vous a rappelées, se mit aussitôt en communion d'idées et de sentiments avec ses anciens camarades et s'empressa de se joindre à l'association naissante. Apportant, dans l'accomplissement de cette tâche volontaire, l'activité, l'entrain de sa nature persévérante et passionnée tout à la fois, il fut bientôt l'un de nos membres les plus utiles et devint plus tard le président de notre œuvre qui avait toutes ses sympathies, de notre œuvre qui a grandi dans ses mains dévouées, qu'il a soutenue de sa fortune, de son crédit, de sa personne surtout, et qu'en plus d'une circonstance difficile, il a peut-être préservée de la ruine.

L'humanité marche, me disait-il souvent; tous les cœurs vaillants doivent l'aider dans son évolution. Travaillons au développement intellectuel et moral des masses; assez d'autres leur parleront de leurs droits, éclairons-les sur leurs devoirs! La vraie instruction est le pain des forts, distribuons-le donc à pleines mains. Notre exemple aura des imitateurs et l'amour entre les citoyens remplacera l'antagonisme entre les classes : C'est par le talent que doit cesser la lutte stupide et anti-sociale du capital et du salaire ?

Cette façon libérale de comprendre l'emploi de la vie, qui serait toute naturelle chez un homme appartenant aux classes déshéritées, me paraît d'autant plus noble, d'autant plus louable en lui, qu'étant né avec une grande fortune et muni d'un fonds de connaissances industrielles solide, il eût pu, comme beaucoup d'autres, donner l'essor à son ambition pour accroître son patrimoine par la voie des grandes spéculations ou se borner à jouir, tranquillement et à l'écart, des biens dont les hasards de la naissance l'avaient favorisé.

Mais sa visée n'était pas là ; il tenait à honneur

d'attacher son nom à toutes les entreprises ayant un caractère réel d'utilité publique : sociétés d'enseignement, établissements de bienfaisance, publications philanthropiques, fondations coopératives, conférences, bibliothèques populaires, etc., rien de ce qui touchait aux questions humanitaires ne lui était étranger. Partout il apportait le concours désintéressé de son activité, de ses lumières et de son inépuisable générosité.

Fortune oblige, disait-il encore ; *c'est malheureusement ce qu'en haut, beaucoup, même des meilleurs, ne sentent pas ou ne veulent pas comprendre ; tandis qu'en bas, les propagateurs des doctrines malsaines se servent perfidement de cette formule qu'ils dénaturent, pour exciter les mauvaises passions.*

Tels étaient les principes, les convictions où il puisait son énergie et son dévouement. A vous, Messieurs, ses amis, ses collègues, qui l'avez suivi dans toutes les phases de sa vie, de dire s'il y a été fidèle jusqu'au bout : à vous surtout, mes camarades, à vous, nos élèves de l'Association polytechnique, qui l'avez entendu dans ces réunions solennelles, où, donnant un libre cours aux généreux sentiments qui remplissaient son âme, il vous la dévoilait tout entière; à vous de dire si ses actes ont été conformes à ses paroles !...

Cependant, malgré sa puissante organisation, une vieillesse prématurée l'avait averti plusieurs fois, mais en vain, que chez lui la lame usait le fourreau. Toujours jeune de cœur, toujours ardent à la poursuite de ce qui lui semblait profitable au progrès, il s'obstinait à rester sur la brèche, lutteur infatigable, sans vouloir reconnaître que tant d'efforts incessants dépassaient les limites de ses forces. Il répondait à ceux qui le pressaient, qui le conjuraient de se ménager : *je ne peux pas m'arrêter avant d'avoir terminé ma tâche*; mais cette tâche allait en s'agrandissant de plus en plus... Il a succombé sous le poids du fardeau, et ce n'est qu'en arrivant ici, dans cette dernière hôtellerie où chacun, hélas, s'arrête pour toujours, que ce hardi pionnier, ce vaillant ouvrier de la première heure, connaîtra le repos pour la première fois !

Va, dors en paix, toi qui as si bien su remplir ta journée; le divin maître ne te marchandera pas ton salaire, et quand, dans ce monde élevé qui est au-delà du nôtre, il viendra rétribuer chacun suivant ses œuvres, à toi qui fus bon, généreux, dévoué, il tiendra compte et du bien que tu as fait et de celui que tu aurais voulu faire encore, s'il t'avait accordé de plus longs jours!

Adieu, Perdonnet, au nom de cette Association dont tu étais le digne chef et à laquelle tu laisses un si noble exemple à suivre; adieu, au nom de tant d'amis dont tu emportes l'estime et les regrets; adieu, au nom du vieux camarade qui fut pendant trente-sept ans le compagnon de tes travaux et qui reçut, à ton moment suprême, la confidence de tes projets, pour l'avenir de l'œuvre qui occupa ta dernière pensée!

Adieu, ou plutôt au revoir!

Paris. -- Typ. Alcan-Lévy, boul. de Clichy, 62

BIBLIOTHEQUE NATIONALE DE FRANCE
3 7502 01047706 7

www.ingramcontent.com/pod-product-compliance
Lightning Source LLC
LaVergne TN
LVHW010311230826
846091LV00007B/3098

* 9 7 8 2 0 1 1 7 5 3 7 3 1 *